Presidente

Julie Murray

Abdo
MI GOBIERNO
Kids

abdopublishing.com

Published by Abdo Kids, a division of ABDO, PO Box 398166, Minneapolis, Minnesota 55439.
Copyright © 2019 by Abdo Consulting Group, Inc. International copyrights reserved in all countries.
No part of this book may be reproduced in any form without written permission from the publisher.

Printed in the United States of America, North Mankato, Minnesota.

052018

092018

THIS BOOK CONTAINS
RECYCLED MATERIALS

Spanish Translators: Telma Frumholtz, Maria Puchol

Photo Credits: AP Images, Getty Images, Glow Images, iStock, Shutterstock,
©US Army p.11,22, ©US White House p.15,22

Production Contributors: Teddy Borth, Jennie Forsberg, Grace Hansen

Design Contributors: Christina Doffing, Candice Keimig, Dorothy Toth

Library of Congress Control Number: 2018931602

Publisher's Cataloging-in-Publication Data

Names: Murray, Julie, author.

Title: Presidente / by Julie Murray.

Other title: President. Spanish

Description: Minneapolis, Minnesota : Abdo Kids, 2019. | Series: Mi gobierno |
    Includes online resources and index.

Identifiers: ISBN 9781532180101 (lib.bdg.) | ISBN 9781532180965 (ebook)

Subjects: LCSH: Presidents--United States--Juvenile literature. | Government officials--Juvenile
    literature. | United States--Politics and government--Juvenile literature. | Spanish language
    materials--Juvenile literature.

Classification: DDC 352.230973--dc23

Contenido

Presidente

¡Ser presidente es un trabajo
muy importante!

Vive en la Casa Blanca.

¡Y también trabaja ahí!

Ayuda a dirigir el país.

También aprueba leyes.

Dirige las **Fuerzas Armadas** del país.

Se reúne con los líderes de otros países. Intentan mejorar el mundo.

13

Vuela en un avión especial
que se llama *Air Force One*.

Sólo puede ser elegido si ha nacido en Estados Unidos. Tiene que tener por lo menos 35 años.

La gente **vota** para eligir al que quiere. Las elecciones son cada 4 años.

Nora conoce al presidente.

¿Cuál es el trabajo del presidente?

comandante en jefe
(de las Fuerzas Armadas)

jefe de estado
(símbolo del país)

líder del gobierno (dirige
varios departamentos)

líder mundial
(trabaja con otros países)

Glosario

Fuerzas Armadas
fuerzas militares de un país, especialmente sus fuerzas aéreas, terrestres y navales.

votar
elegir formalmente a una persona para hacer un trabajo, se hace normalmente con una papeleta.

Índice

Abdo Kids
ONLINE
FREE! ONLINE MULTIMEDIA RESOURCES

¡Visita nuestra página **abdokids.com** y usa este código para tener acceso a juegos, manualidades, videos y mucho más!

Código Abdo Kids:
MPK3995